경위 박상우
송화 지구대 팀장. 날카로운 눈매에 사람들이 겁먹지만, 속마음은 따뜻하다.

순경 박동준
갓 경찰이 된 새내기. 윤 경사한테서 경찰이 할 일을 하나하나 배우고 있다.

경사 윤성훈
마을을 지키는 경찰로 13년째 일하고 있다.

경사 장미순
당차고 씩씩한 경찰로, 윤 경사보다 선배다.

11 경찰
일과 사람

출동! 마을은 내가 지킨다

임정은 쓰고 최미란 그림

사계절

"순경 박동준, 인사드립니다!"
아이고, 목소리 한번 우렁차다. 오늘 지구대에 새 식구가 왔어.
오랜만에 후배가 들어오니, 나도 기분이 들뜨는걸.
박동준 순경은 앞으로 나하고 짝이 되어 일할 거야.
나처럼 멋진 선배와 짝이 되다니, 운이 좋군, 하하!

음……
이따 케이크라도
사야겠군.

경찰서가 아니고 지구대라고?
지구대는 작은 경찰서야. 마을 주민들과 가장 가까운 곳에서
안전을 책임지고 있어. 파출소도 지구대와 같은 일을 해.
호수 경찰서 아래 지구대가 다섯 개, 파출소가 세 개 있어.

일을 시작하려면 먼저 옷부터 갖추어 입어야지.
제복을 입기 전에는 '멋진 남자 윤성훈'이고,
입고 나면 '더 멋진 경찰 윤성훈'이 돼.
아, 경찰은 왜 똑같은 제복을 입느냐고?
시민들이 언제 어디서나 경찰을 쉽게 찾을 수 있어야 하거든.
넥타이는 바르게, 모자는 단정히, 무전기도 잘 챙기고!
처음에는 다 입고 챙기는 데 한참 걸렸어. 지금은 삼십 초면 휘리릭!

제복과 도구

경찰은 맡은 일에 따라 조금씩 다른 제복을 입어. 지구대 경찰은 이런 제복을 입지. 조끼와 허리띠에는 여러 가지 도구를 넣거나 매달아.

조끼에 넣는 것들

무전기
전화기처럼 지구대랑 연락할 때 써. 한꺼번에 여럿이 이야기할 수 있지.

손전등
어두운 곳을 비출 때 필요해.

피디에이(PDA)
손바닥만 한 컴퓨터야. 경찰서에서 지시를 받거나 정보를 찾을 때 써. 전화기로도 쓸 수 있어.

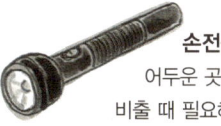

겉옷
봄가을 옷이야. 겨울에는 안에 두꺼운 옷감을 덧대어 입어.

모자
일할 때는 간편한 모자를 써. 여름에는 뜨거운 햇볕을 막아 주고, 겨울에는 추위를 막아 줘.

빛이 나는 물질로 만들어서, 어두울 때도 눈에 잘 띄어.

조끼
가지고 다녀야 할 것이 많아서, 주머니가 많이 달려 있지.

허리띠
고리가 많아서, 여러 가지 도구를 매달 수 있어.

빠짐없이 다 챙겼나 확인!

전자 신호봉
불빛이 나는 방망이야. 밤에 교통정리를 할 때 써.

신발
힘껏 달려도 벗겨지거나 발을 다치지 않아.

접으면 짧고, 쫙 펴면 길지.

허리띠에 매다는 것들

시민이나 경찰이 아주 위험할 때만 써.

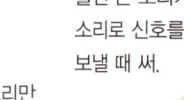

삼단봉
힘이나 무기로 남을 해코지하려는 사람을 막을 때 써.

수갑
손을 써서 대들거나 달아나지 못하도록 손목에 채워.

권총
진짜 총알과 소리만 나는 가짜 총알이 다 들어 있어.

호루라기
불면 큰 소리가 나. 소리로 신호를 보낼 때 써.

박 순경과 처음 할 일은 송화동 순찰이야. 마을 곳곳을 돌며 살피는 일이지.
앗, 순찰을 나선 지 오 분 만에 신고가 들어왔어.
"송화동 33번지, 초롱 빌라 102호에 도둑이 들었다고 합니다!"
또 빈집털이라니! 한 달 동안 송화동에서만 벌써 네 번째야.
가까운 곳이니, 얼른 가면 도둑을 잡을 수도 있어. 서둘러 출동!
박 순경은 첫 출동이라 조금 흥분했어.
그런데 사이렌을 울려도 차들이 왜 안 비켜 주나 몰라.

초동 수사
사건이 일어나면 지구대 경찰이 가장 먼저 달려가. 사건 현장을 샅샅이 살펴서 범인의 흔적을 찾아내. 이렇게 가장 먼저 수사하는 걸 '초동 수사'라고 해. 시간이 지날수록 증거가 없어지거나 범인이 멀리 달아나니까, 초동 수사는 아주 중요해.

순찰차

누가 보아도 경찰차인지 쉽게 알아볼 수 있도록 경찰 문양과 글씨가 새겨 있어. 사건이 난 곳으로 출동해야 하고, 범인을 태우기도 하니까 특별한 장치들이 달려 있어.

탐색등
어두운 데서 범인을 찾을 때 써. 아주 밝은 빛이 멀리까지 나가.

차 안을 찍는 카메라.

경찰차 앞을 녹화하는 카메라.

경광등
빨간불, 파란불이 번갈아 번쩍여. 바삐 출동하고 있다는 뜻이야.

차량번호 자동 판독기
카메라가 달려 있어. 차 번호판을 찍으면, 도둑맞은 차인지 바로 알아내.

유리에 특수한 막이 붙어 있어. 쉽게 깨지지 않아.

뒷문은 밖에서만 열 수 있어. 뒷자리에는 범인이 타기도 하거든.

안전 칸막이
뒷자리에 탄 사람이 운전하는 경찰을 해코지하지 않도록 막은 거야.

순찰 지역 지도
우리 지구대가 맡은 마을 지도야.

여러 경찰차

경찰이 순찰차만 타는 건 아니야. 그때그때 상황에 맞는 걸 타고 재빨리 현장에 가야 하거든.

승합차
경찰 여럿이 한꺼번에 출동할 때 써.

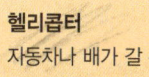

헬리콥터
자동차나 배가 갈 수 없는 곳으로 출동할 때 써.

순찰은 두 사람이 짝이 되어 같이 다녀.
오늘은 내가 순찰차를 운전하고, 박 순경이 동네를 살펴.
학교 둘레를 돌 때는 어린이들이 안전하게 길을 건너는지 봐.
어린이한테 겁주는 사람은 없는지도 눈을 부릅뜨고 봐.
집이 많은 곳을 돌 때는 낮은 담장이나 으슥한 골목을 꼼꼼히 살펴봐.
이렇게 오가다 보면 주민들을 편하게 만날 수 있어서 좋아.
오늘은 문단속 단단히 하시라고 알리면서 다녀야겠다.

지구대로 들어가려는데, 웬 아주머니가 소리치며 달려와.
"아이고, 내 가방! 도와주세요!"
방금 누가 아주머니 가방을 채 갔대.
"빨간 오토바이고, 위에 파란 옷을
입었어요. 시장 쪽으로 갔어요."
그쪽은 골목이 좁으니 순찰차로 가긴 어렵겠어.
아주머니를 박 순경한테 부탁하고,
나는 서둘러 순찰 오토바이를 탔어.
사이렌을 울리며 출동, 출동!

자, 다시 순찰을 나가야지.
순찰은 지구대가 맡은 가장 중요한 일이야.
어느 동네든 낮이고 밤이고 경찰이 골목마다 살피면서
돌아다녀. 범죄를 미리 막고, 112 신고가 들어오면
재깍 출동할 수 있도록 말이야.

내비게이션
길을 알려 주는 기계야.
112 신고가 들어오면
출동할 곳이 바로 표시돼.

소화기
작은 불이 났을 때는
이걸로 불을 꺼. 큰불은
119에 신고를 해야지.

사이렌이나 경광등을
켜는 스위치들이야.

마이크
범인을 쫓거나 다른 차에게
알릴 게 있을 때 써. 바깥으로
소리가 쩌렁쩌렁 나.

오토바이
차가 들어갈 수 없는 좁은 골목이나
찻길이 없는 곳을 순찰할 때 타.

전기 오토바이
전기로 움직이는
순찰 오토바이야.
아직은 우리나라에
몇 대밖에 없어.

집주인 할아버지가 많이 놀랐어.
먼저 할아버지를 안심시키고, 집 안을 꼼꼼히 살펴봤어.
부엌 조리대와 도마에 신발 자국이 남아 있군. 도둑이 부엌 창문으로 들어왔다는
증거지. 과학수사팀이 올 때까지 발자국이랑 창문, 문손잡이도 건드리면 안 돼.
범인의 흔적이 더 남아 있을지도 모르거든. 이런 게 다 중요한 정보야.
박 순경은 할아버지한테 무엇을 도둑맞았는지 물어서 적었어.
이웃들한테 수상한 사람을 보았는지도 물었어.
곧 형사와 과학수사팀 경찰이 왔어. 우리가 먼저 조사한
내용을 바탕으로 이분들이 수사할 거야.

건들지 마.
범인 지문이
남았을지도 몰라!

손가락에 있는
무늬 말이죠?

용감한 과일 가게 젊은이 덕분에
빨간 오토바이가 쓰러졌어.
나는 번개처럼 몸을 날려 범인을 덮쳤어.
고맙습니다, 시민 여러분!

저기 있다!
앗, 위험해! 시민들이 다치겠어.
"조심하세요! 날치기 오토바이입니다!"
그때 누군가 빨간 오토바이에
과일 상자를 잽싸게 던졌어.

미란다 원칙
경찰이 범인을 붙잡을 때는 법이 정한 대로 이 사람의 권리를 알려 주어야 해. 죄지은 사람도 수사와 재판을 받을 때 도와줄 변호사를 쓸 수 있고, 자기한테 불리한 말을 하지 않아도 돼. 이것을 미란다 원칙이라고 해.

범인을 잡았으니 사건에 대한 보고서를 써야 해.
언제, 어디서, 누가, 어떻게 한 사건인지,
그리고 경찰이 어떻게 했는지를 꼼꼼히 적는 거야.
가방을 빼앗긴 아주머니한테 먼저 이야기를 듣고,
범인 이야기도 들어서 적었어.
자, 보고서를 다 썼으니 호수 경찰서 형사과로 데려가야지.

오늘은 저녁에 출근하는 날이야.
직장 다니는 다른 아빠들은 집으로 돌아가는 시간인데,
나는 거꾸로 이제야 집을 나서.
우리 아내랑 연수, 현수는 내일 아침에
내가 아무 탈 없이 퇴근하기만 기다리겠지?
사랑하는 식구들아, 걱정 말고 편히 자.
사람들이 안심하고 잠자도록 내가 밤에도 일하는 거니까.

낮에도 밤에도 일해!
사고나 범죄는 시간을 가리지 않고 일어나. 그래서 지구대는
하루 24시간 일을 해. 지구대 경찰들은 낮에 일하는 날,
밤에 일하는 날이 따로 있어. 쉬는 날, 훈련을 받는 날도
있지. 달력에 적어 놓아야 헷갈리지 않아.

지구대를 지키고 있는데, 어느 아주머니와 아저씨가 급히 뛰어 들어왔어.
그 댁 할머니가 없어졌대. 할머니는 치매 때문에 이름을 기억하지 못한대.
아주머니, 아저씨가 얼마나 애가 탈까! 나는 할머니 이름과 생김새, 옷차림,
마지막으로 본 곳을 적어서 실종 신고서를 만들었어. 그리고 경찰청이
운영하는 인터넷 누리집에 할머니 사진이랑 같이 등록했어.
어서 순찰차에도 알리고, 노인 보호 시설과 병원에 전화를 돌려야겠어.

가족이나 친구가 사라졌다고?

이럴 때는 전화로 112나 182를 눌러. 경찰서나 실종 아동 찾기 센터로 연결돼. 어린이뿐 아니라 어른이 없어졌을 때도 이곳에 신고해. 없어진 사람 이름과 사진, 키, 입은 옷, 나이 같은 정보가 인터넷 아동·여성·장애인 경찰 지원 센터에 등록이 돼. 그러면 전국 경찰서에서 함께 찾아. 어린이와 치매 노인, 장애인은 지구대에 가서 미리 지문을 등록해 놓으면, 잃어버렸을 때 훨씬 빨리 찾을 수 있어.

순찰을 돌다가 교통사고 신고를 받고 바삐 달려왔어.
교통사고가 난 곳에서는 정신을 바짝 차리지 않으면 큰일 나.
먼저 교통정리부터 해야 해. 다른 차가 와서 부딪칠 수도 있거든.
소방대원들은 다친 사람을 얼른 응급조치해서 구급차에 태워.
그리고 사고 차가 폭발하거나 불이 나지 않게 처리하느라고 바빠.
나는 운전자들 이름과 주민 등록 번호 적으랴,
사고가 어떻게 났는지 알아보랴, 할 일이 많아.
박 순경은 사고 차 위치를 표시하고 있어. 우리가 잘 적어 두어야
나중에 교통사고 조사반이 제대로 조사할 수 있어.

한밤중이야. 잠깐 숨을 돌리며 장 경사가 집에서 싸 온 음식을 먹기로 했어.
밤에 일할 때는 밥 먹는 시간이 따로 없거든.
이야, 음식이 아주 푸짐해.
그런데 박 순경이 해서는 안 될 말을 하고 말았어.
"오늘 밤은 신고가 별로 없네요."
으악, 그 말만은 절대로 안 돼!

그 말을 하면 신고 전화가
소나기처럼 빗발친다고!
이것 봐, 전화통에 불이 나네, 불이 나.
그래그래, 바쁜 게 정상이지. 출동!

밤이면 지구대는 술 취한 사람들로 시끌벅적해.
술을 너무 많이 마시면 제대로 걷지도 못해.
싸우고, 찻길에 뛰어들고, 길에 쓰러져 자기도 해.
그러다 다치거나 교통사고가 날 수도 있어.
이 사람들을 안전하게 보호하고,
집에 가도록 돕는 것도 우리 일이야.

오늘은 아침부터 기분이 좋아.
김옥분 할머니를 찾았거든. 청주 경찰서에서 찾았대.
할머니는 나고 자란 고향 '공주'에 가고 싶으셨나 봐.
그런데 왜 엉뚱하게 '청주'에 가셨냐고?
할머니가 버스 터미널에 가셨는데, 사람들이 청주 가는
버스를 태워 드린 거지. 말씀을 또렷이 못하셔서,
사람들이 공주를 청주로 잘못 들었나 봐.
할머니를 찾아서 정말 다행이야.
아, 뿌듯해. 경찰 할 맛 난다!

오후에는 택시 운전사 아저씨가 지갑을 가져왔어.
손님이 놓고 갔다면서 찾아 달라고 온 거야.
아저씨처럼 정직한 사람들만 있다면 참 좋겠다, 그렇지?
뿌듯한 일이 많은 날이네!

오늘은 쉬는 날이지만, 특별히 연수가 다니는
새순 초등학교에 왔어. 어린이들한테 중요한 걸 알려 주러 왔어.
어린이들을 꼬여다가 나쁜 짓을 하는 범죄가 가끔 일어나.
그런 일을 막으려고 어린이들한테 교육하러 온 거야.
머릿속에 쏙쏙 들어오라고 인형극으로 준비했는데, 재미있으려나?

언제 어디서나 안전하게!

밖에 나갈 때는

누구랑 어디에 가는지 집안 어른들께 꼭 알려요.

아동안전지킴이집이 어디에 있는지 미리 알아 둬요.

낯선 사람이 다가올 때는

낯선 사람이 이름을 부르며 잘 아는 체할 때는 대꾸하지 않고 빨리 피해요.

자동차를 태워 주겠다고 해도 절대로 타지 말아요.

억지로 데려가려고 할 때는 "도와주세요!" 하고 크게 소리를 질러요.

낯선 사람이 과자나 음료수를 줘도 받지 말아요.

길을 물으면 알려만 주고 따라가면 안 돼요.

함부로 몸을 만지려고 하면 "하지 마세요!" 외치고 자리를 피해요.

학교 둘레에서는

나보다 큰 형이나 어른이 때리려고 하면 어른들께 알려요.

골목길에 무서운 형, 오빠, 누나, 언니 들이 모여 있을 때는 가까이 가지 말아요.

위험할 때는 **112**나 **117, 182**에 신고해요.

돈이 없어도 공중전화 '긴급통화' 버튼을 눌러 **112**에 신고할 수 있어요.

문자로도 신고할 수 있어요.

나쁜 짓을 하는 사람은 얼굴이 무서울 것 같지? 그렇지 않아. 오히려 나쁜 마음을 숨기고는 상냥하고 친절한 얼굴로 다가올 수 있어. 그러니 여기서 익힌 안전 수칙을 꼭 지켜야 해.

연수랑 같이 집에 가는 길이야.
"아빠랑 집에 같이 가니까 좋아?"
"네! 맨날맨날 그랬으면 좋겠어요!"
연수는 신이 났어. 연수 친구들도 우르르 몰려들어 즐겁게 떠들어.
그래, 연수랑 연수 친구들이 안전하게 마음껏 뛰어노는 것,
그것이 아빠이자 경찰로서 가장 소중한 꿈이야.
연수야, 자랑스러운 아빠가 될게.

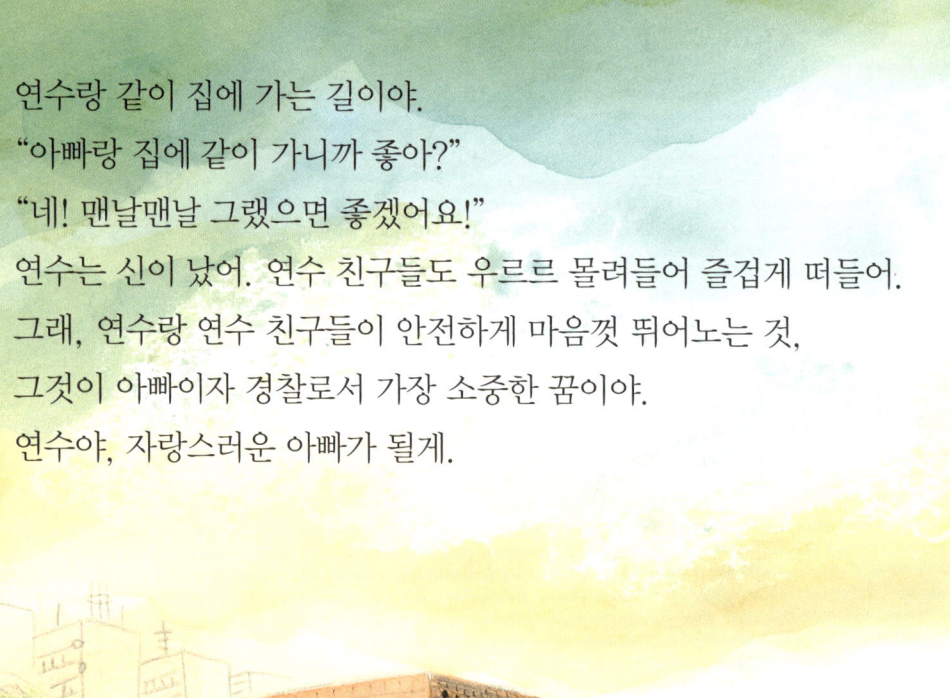

박 순경이 우리 지구대로 온 지 벌써 일 년이 됐네.
박 순경을 보면 내가 처음 경찰이 됐을 때가
가끔 떠올라. 어려움에 처한 사람에게
가장 먼저 손을 내미는 사람이고 싶었어.
시민을 윽박지르고 감시하는 경찰이 아니라,
시민을 지키고, 모시고, 늘 웃는 얼굴로 봉사하는
경찰이 되겠다고 다짐했지.
가끔씩 나는 나한테 물어본다.
"그때 그 마음을 잘 지키고 있니, 윤성훈 경사?"

경찰의 도움이 필요할 때는!

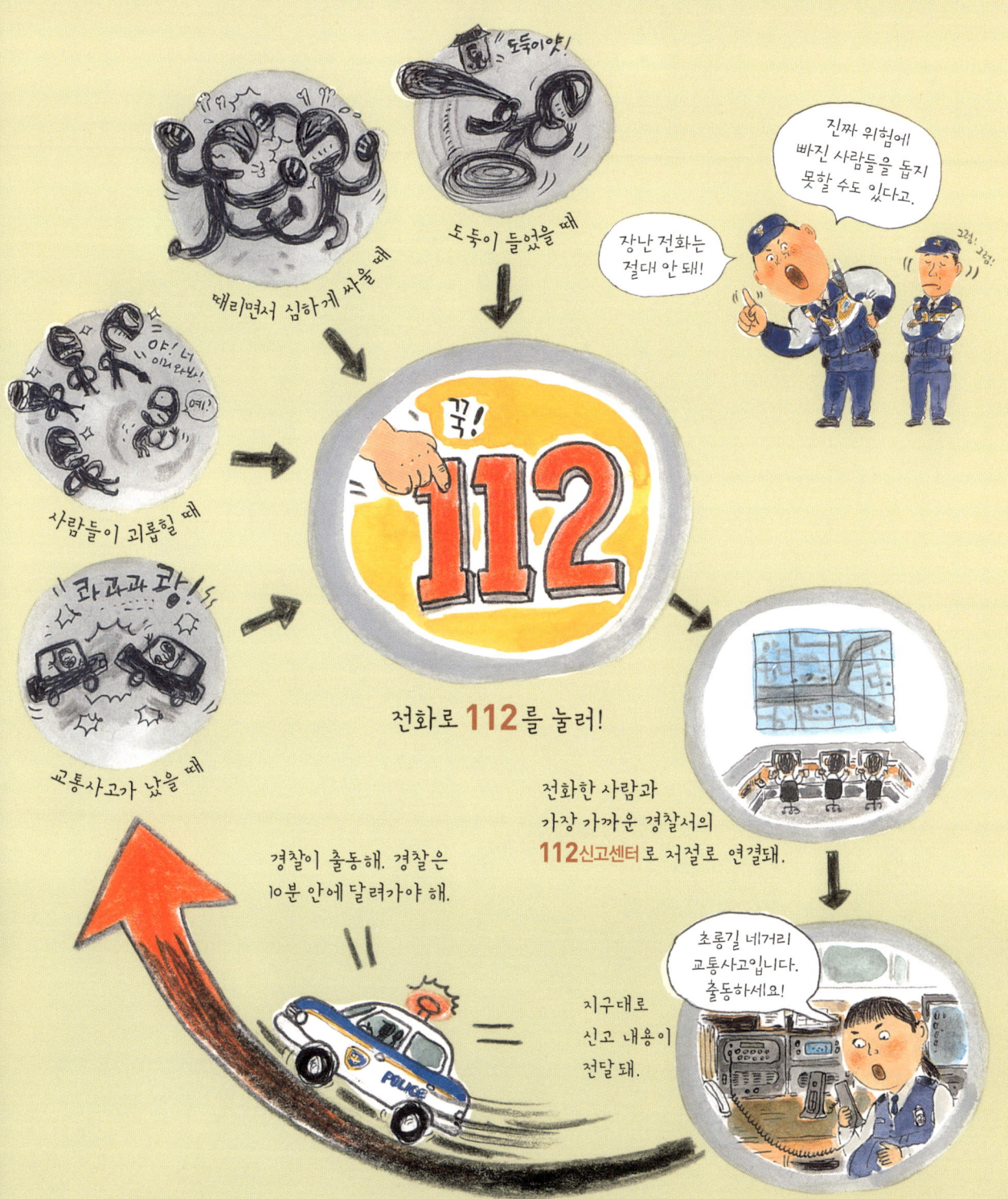

우리는 경찰들이다!

사건과 사고는 아주 많이 일어나. 그래서 경찰들은 일을 나누어 맡아. 지구대 경찰처럼 마을을 살피고 지키는 경찰이 있고, 사람이 다치거나 죽은 사건을 맡은 형사도 있어. 경찰들이 어떤 일들을 하는지 볼까?

생활안전과

시민들이 생활하면서 벌어지는 크고 작은 사건을 해결해. 지구대는 여기에 속해 있어.

형사과

사람이 크게 다치거나 죽은 사건을 조사하고, 범인을 잡아. 초동 수사를 바탕으로, 사건을 더 깊이 분석하고 집중해서 해결해.

수사과

남을 속이는 사건을 조사하고 해결해. 거짓말로 남의 재산을 빼앗거나, 회사 돈을 제 돈처럼 쓰는 사람들을 붙잡아.

"어린이와 청소년이 안전하게 지낼 수 있도록 범죄를 예방하고, 사건을 수사해서 범인을 잡아요."

여성·청소년팀
유강미 경장

"범인 잡으려고 밤새 숨어서 기다리거나, 숨이 넘어가도록 달려야 할 때도 많아요."

강력형사팀
한영민 형사

"머리를 써서 남을 해치는 거나 무기로 해치는 거나 다 나빠요."

지능수사팀
백홍식 형사

"범죄가 일어난 곳에는 반드시 증거가 있지요. 우리는 증거를 연구해서 누가 어떻게 저지른 일인지 알아내요."

과학수사팀
권혁주 형사

"관청이나 회사 컴퓨터에 인터넷으로 접속해서 정보를 빼내거나, 인터넷에 가짜 가게를 만들어서 돈을 가로채는 사건을 맡아요."

사이버수사팀
김우현 형사

경비교통과
교통사고가 나지 않도록 예방하고, 교통사고를 조사해. 집회나 시위가 있을 때 사고가 없도록 질서를 유지시키는 일도 해.

경무과
경찰서 살림을 맡은 곳이야. 경찰들 월급도 주고, 일할 때 필요한 물건도 사. 경찰서에서 하는 일을 시민들한테 알리는 일도 해.

정보보안과
우리나라뿐 아니라 다른 나라까지 관련된 국제 범죄를 다루어. 맡은 지역에서 일어나는 중요한 정보를 알아내는 일도 해.

경찰특공대
나라에서 큰 행사를 치르거나 중요한 외국 손님이 왔을 때 안전을 맡은 경찰이야. 폭발물을 처리하거나 테러 조직을 잡아들이는 일을 해.

출퇴근 시간처럼 오가는 차들이 많을 때는 나와서 교통 지도를 해요.

교통안전팀 강건우 경사

이 책을 만들려고 출판사에서 취재하러 왔을 때도 내가 안내를 했지요.

홍보팀 송수영 경장

다른 나라에 가서 못된 일을 하거나 법으로 금지한 약을 사 오는 사람을 잡아요.

외사수사팀 변상우 형사

경찰특공대 한영석 경장

무술, 사격, 낙하 같은 훈련을 많이 해요.

궁금해요!

"시민을 보호하고 시민에게 봉사해야 올바른 경찰이에요."

경찰이 되려면 어떻게 해야 하나요?

나라에서 정한 시험에 합격해야 해요. 경찰이 알아야 하는 갖가지 법과 지식을 시험 봐요. 몸도 튼튼해야 하니까 달리기 같은 것도 보고요. 시험에 합격한다고 바로 경찰이 되는 건 아니에요. 중앙 경찰 학교에 들어가서 여덟 달 동안 공부를 해요. 사건이 나면 어떻게 해야 하는지도 배우고, 수사에 대해서도 자세히 배워요. 중앙 경찰 학교를 마치면 드디어 경찰이 돼요. 박 순경처럼 말이죠. 시험을 보지 않고 경찰이 되려면 경찰 대학을 졸업해야 해요.

지구대 경찰보다 형사가 더 높아요?

아니요. 경찰의 높고 낮음은 계급으로 따지지, 하는 일은 관계가 없어요. 경찰은 군인처럼 계급이 있어요. 순경이 가장 낮고, 경장, 경사, 경위, 경감, 경정, 총경, 경무관, 치안감, 치안정감, 치안총감 순으로 올라가요. 강력계 형사 가운데도 순경이 있고, 지구대 경찰 가운데도 경위가 있지요.

경찰을 '공권력'이라고 하던데 무슨 뜻이에요?

경찰은 나라에서 고용한 일꾼이에요. 시민들이 낸 세금으로 월급을 받지요. 법에 따라 시민들을 보호하고 시민들한테 봉사하는 일을 하는 거예요. 또 경찰은 법을 집행할 수 있어요. 이런 힘을 공권력이라고 해요. 그러니 경찰은 꼭 법에 따라서 공정하게 일해야 해요. 공권력을 올바르게 쓰지 않고, 나쁜 정치인이나 돈 많은 사람이 시키는 대로 휘둘리면 경찰도 벌을 받아요.

범죄를 저지른 사람한테도 인권이 있다고요?

그럼요. 인권은 인간이라면 누구나 갖는 권리예요. 어떤 조건에서든 인간으로서 존중 받아야 한다는 뜻이지요. 죄를 지었든 짓지 않았든 마찬가지예요. 그래서 범인을 잡았을 때도 미란다 원칙을 알려 주는 거예요. 범죄는 법으로 판단해요. 모든 사람은 공정한 재판을 받을 권리가 있지요. 벌도 법이 정한 대로 받아요. 법에 바탕을 두지 않고 함부로 가둘 수 없어요. 그리고 법원에서 죄가 있다고 밝혀지기 전에는 죄가 없는 걸로 보아요.

아이스크림을 사 줘야겠어.

진짜 총을 쏴 봤어요?

총을 쏴 보고 싶어서 경찰이 되겠다면 나는 말릴 거예요. 총은 아주 무서운 무기예요. 사람 목숨을 빼앗을 수 있어요. 내가 지금 13년째 경찰로 일하고 있는데, 아직 실제로 총을 쏜 사건은 없어요. 솔직히 내가 경찰 생활을 다할 때까지 총 쏠 일이 없었으면 좋겠어요. 하지만 시민을 구하기 위해 어쩔 수 없이 총을 쏘아야 하는 일이 벌어질지도 몰라요. 그때는 아주 정확하게 쏘아야 해요. 그래서 늘 사격 훈련을 해요.

아들이나 딸이 자라서 경찰이 되겠다면 어떠세요?

연수나 현수가 커서 경찰이 된다고 하면 기분이 좋을 것 같아요. 사회에 꼭 필요한 일이기도 하고, 경찰인 내 모습이 좋게 보였다는 뜻일 테니까요. 하지만 경찰은 늘 긴장해야 하고 밤낮이 바뀐 생활도 하니까 마음도 몸도 많이 힘들죠. 우리 아이들이 어른이 되었을 때는 경찰 일을 잘할 수 있는 환경이 갖추어지면 좋겠어요.

작가의 말

착하고 멋진 일꾼을 만났어!

이 책을 쓰려고 경찰서에 취재하러 간다고 하니까, 친구들이 대뜸 그러는 거야.

"무섭겠다!"

친구들 반응이 좀 이상하지? 어른들 가운데는 경찰서를 언짢게 여기는 사람이 많거든. 신문이나 뉴스에는 경찰이 잘못한 일이 기사로 나오기도 하고, 경찰서에는 아무래도 좋지 않은 일로 가게 되니 그런 것 같아. 나이가 아주 많으신 분들은 경찰이라고 하면 일제 강점기 때 일본 '순사'를 떠올리기도 하지. 순사들은 일본의 앞잡이가 되어 우리나라 사람을 괴롭히고 감시했거든. 어떤 어른들은 거리와 광장에 모여서 나라의 주인은 국민이라고 외치며 나쁜 정치인들한테 항의하면서 경찰과 맞선 경험도 있어. 그러다 보니 어른들은 저도 모르게 경찰을 멀리하고 싶어 해.

그래서 나는 이 책을 쓰면서 한 가지를 생각했지. 적어도 이 책을 읽는 어린이들한테 '경찰은 본디 시민들을 돕는 사람'이라는 걸 확실히 알리자는 것이었어.

경찰은 도둑을 잡는다든가 하는 범죄와 관련된 일만 할 것 같잖아. 그런데 사실 경찰 일은 그보다 훨씬 폭이 넓어. 이 책의 주인공인 윤 경사 아저씨의 모델이 된 분은 나하고 나이가 같은 윤광배 경사님이야. 나는 이분이 일하는 걸 지켜보면서 '착한 일꾼' 같다고 생각했어. 사람들이 112로 신고를 하면 언제든, 무슨 일이든 가리지 않고 출동하거든. 그 일들은 대부분 우리 생각처럼 끔찍하고 커다란 범죄 사건이 아니야. 길에

쓰러진 술 취한 아저씨를 데려와서 보호한다든지, 길 잃은 할아버지의 집을 찾아 준다든지, 잃어버린 자전거를 찾아 주는 일들이었어. 잠깐 짬을 내어 경사님과 인터뷰하려고 앉아 있는 사이에도 무전기가 줄곧 울리고 출동할 일이 끊이지 않았어.

경찰이 되고 싶은 어린이가 있다면 이 말을 꼭 해 주고 싶어. 내가 만난 경찰들은 영화나 드라마에 나오는 것처럼 '폼 나는 영웅'이 아니었어. 우리 가까이에서 우리를 도우려고 밤낮으로 부지런히 움직이는 사람이었지. 내 눈에는 이분들이야말로 정말 멋져 보였어. 이런 분들이 진짜 경찰이야. 경찰이 되려면 영웅이 되겠다는 마음보다는 사람들을 돕고자 하는 마음이 있어야 해.

이 책을 쓰고 이야기를 만들면서 정말 즐거웠어. 내가 좋아하는 일을 하고, 게다가 일을 하며 좋은 사람까지 만났으니 더할 나위 없이 행복하지. 함께 작업한 최미란 선생님을 만난 것도 참 기뻐. 책 만드는 사람들 사이에서 최미란 선생님은 아주 열심히 작업하는 걸로 이름나 있어. 이 책의 그림을 그릴 때는 고생이 무척 많았지. 그릴 게 아주아주 많았거든! 하지만 그리면서 즐겁지 않았다면, 이렇게 재미나고 유쾌한 그림이 나오지 못했을 거야. 내가 글로 만들어 낸 인물들이 꼭 살아서 움직이는 것 같아.

이 책을 읽는 어린이들도 어른이 되면 즐겁고 재미있게 할 수 있는 일을 찾기 바라. 아! 그리고 거리에서 경찰 아저씨를 만나면 무서워하지 말고 웃으면서 인사해 보자. 무척 뿌듯해 하실 거야.

글쓴이 임정은

글 **임정은**

무엇이든 새롭게 배우는 것이 즐겁습니다. 재미있는 일을 쫓아다니다 보니 출판사에서 책도 만들고, 번역도 하고,
어느새 어린이 책 쓰는 일을 하고 있답니다. 대학에서는 독일어를 공부했고, 지금은 서울 한강 서쪽 소박한
동네에서 살고 있습니다. 멋진 할머니 작가로 늙는 게 꿈입니다.
『열려라, 뇌!』『열두 달 환경 달력』『세상을 바꾼 동물』을 썼고, 『엄마가 떠난 뒤에』『아틸라와 별난 친구들』
『마들렌카의 개』『청어 열 마리』『코끼리 똥으로 종이를 만든 나라는?』들을 우리말로 옮겼습니다.

그림 **최미란**

한번 앉으면 일어날 줄 모르고 열중해서 그림을 그립니다. 일이 다 끝난 뒤에는 여행 다니기를
좋아합니다. 서울시립대학교에서 산업디자인을 공부하고 디자이너로 일하다가, 같은 대학 대학원에서
일러스트레이션을 연구했습니다.
쓰고 그린 책으로는 『우리는 집지킴이야!』가 있고, 그린 책으로『돌로 지은 절 석굴암』
『저승사자에게 잡혀간 호랑이』『누구 없어요?』『때때옷 입고 나풀나풀』『슈퍼댁 씨름 대회 출전기』들이 있습니다.

도와주신 분 윤광배 경사(강서경찰서 발산파출소), 홍태범 경사(일산경찰서 주엽지구대), 송수영 경장(강서경찰서), 강서경찰서 공항지구대

일과 사람 11 경찰

출동! 마을은 내가 지킨다

2012년 8월 30일 1판 1쇄
2022년 2월 9일 1판 7쇄

ⓒ임정은, 최미란, 곰곰 2012

글 : 임정은 | 그림 : 최미란 | 기획·편집 : 곰곰_전미경, 심상진, 안지혜 | 디자인 : 권석연 | 제작 : 박홍기
마케팅 : 이병규, 이민정, 최다은 | 홍보 : 조민희, 강효원 | 출력 : 한국커뮤니케이션 | 인쇄 : 코리아피앤피 | 제책 : 책다움
펴낸이 : 강맑실 | 펴낸곳 : (주)사계절출판사 | 등록 : 제406-2003-034호
주소 : (우)10881 경기도 파주시 회동길 252
전화 : 031)955-8588, 8558 | 전송 : 마케팅부 031)955-8595 편집부 031)955-8596
홈페이지 : www.sakyejul.net | 전자우편 : picturebook@sakyejul.com
블로그 : skjmail.blog.me | 페이스북 : facebook.com/sakyejulpicture
트위터 : twitter.com/sakyejul | 인스타그램 : sakyejul_picturebook

값은 뒤표지에 적혀 있습니다. 잘못 만든 책은 구입하신 서점에서 바꾸어 드립니다.
사계절출판사는 성장의 의미를 생각합니다. 사계절출판사는 독자 여러분의 의견에 늘 귀 기울이고 있습니다.
이 책은 저작권법에 따라 보호받는 저작물이므로 무단전재와 무단복제를 금합니다.

ISBN 978-89-5828-632-5 74370 ISBN 978-89-5828-463-5 74370(세트)